Ａ大的心願：

這筆記本，可以成就多少夢想，讓多少人圓夢……

夢想筆記本

分配收入，整理財務，累積財富，創造理財收入。
珍惜現時，享受人生，計畫將來。

A 大的理財十大金句

❶ 不要輕易放棄自己的夢想。

❷ 現在辦不到,並不代表未來的你辦不到。

❸ 持續不斷地學習,不斷地存錢,就能改變命運。

❹ 你現在所存下的每一塊錢,都是夢想的種子。

❺ 理財致富沒有捷徑,只有一步一腳印。

❻ 善用零碎的時間,持續學習。

❼ 累積財富,也累積知識,你會發現「知識=財富」,知識是賺錢的翅膀。

❽ 理財先理債,理債先理心,先有錢,再消費。

❾ 所有的一切,都是從定期定額的儲蓄開始。

❿ 過去的努力絕不會白費,必定會在未來的某個地方開花結果。

我的理財十大金句

❶

❷

❸

❹

❺

❻

❼

❽

❾

❿

CONTENTS

A 大的願望清單

願望清單.
(1) 買一間透天厝 (中古的)
(2) 買重機 (GSXR-1300 2011)
(3) 換 Nikon D5s (待上市)
~~(4) 換 Mac Air 13"~~
完成了, 就劃掉!
(5) 夏慕尼慶生 (一個人去)
(6) 買理財講座要穿的衣服
(7) 買 iPad mini 5.
(8) 買勞力士錶 (CITIZEN 鈦)
(9) 把書本 ﹠小冊子完成.

買你想買的, 然後
要想辦法讓自己變成買得起.

我的願望清單
（等待完成的夢想）

❶ _____

❷ _____

❸ _____

❹ _____

❺ _____

❻ _____

❼ _____

❽ _____

❾ _____

❿ _____

為了實現夢想，我把
大目標分割成小步驟

我的目標是：＿＿＿＿＿＿＿＿

❶ ＿＿＿＿＿＿＿＿＿＿＿＿＿＿＿＿＿＿＿＿＿＿

❷ ＿＿＿＿＿＿＿＿＿＿＿＿＿＿＿＿＿＿＿＿＿＿

❸ ＿＿＿＿＿＿＿＿＿＿＿＿＿＿＿＿＿＿＿＿＿＿

❹ ＿＿＿＿＿＿＿＿＿＿＿＿＿＿＿＿＿＿＿＿＿＿

❺ ＿＿＿＿＿＿＿＿＿＿＿＿＿＿＿＿＿＿＿＿＿＿

❻ ＿＿＿＿＿＿＿＿＿＿＿＿＿＿＿＿＿＿＿＿＿＿

❼ ＿＿＿＿＿＿＿＿＿＿＿＿＿＿＿＿＿＿＿＿＿＿

❽ ＿＿＿＿＿＿＿＿＿＿＿＿＿＿＿＿＿＿＿＿＿＿

A 大的理財金句

如果完成一個夢想需要三千六百個步驟，那就務實地去想，該如何一步一腳印去完成。就算一天或一週只能完成一個步驟，也要默默前進。

我的生涯規畫思考

請直覺地寫下生涯規畫的現況與煩惱

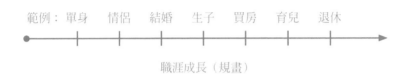

範例： 單身　　情侶　　結婚　　生子　　買房　　育兒　　退休

職涯成長（規畫）

$\underset{\$}{\bigcirc}$ A 大的理財金句

先求三餐溫飽，才有能力去做自己想做的事。
生涯規畫，應當優先於理財規畫。

我的理財規畫目標
（遠、中、近）

我的遠期理財目標／最遙遠的夢想是：

請直覺地寫下內心深處的渴望

我需要一年以上來完成的中期理財目標是：

我希望一年內完成的近期理財目標是：

A 大的規畫範例

近期理財目標

買機車，騎去上班打工賺錢。

需要的家人買給我，想要的自己存錢買。為了避免買車後存款被吃光，或是錢包只剩生活費，要先去各大品牌的地區總經銷商，詢問總公司推出的分期零利率購車方案。某些車型甚至會有零元交車方案！若車商提供 24 期以上的分期方案，例如每個月 3,000 元，繳 36 期，共繳 108,000 元，應可買到有點高檔又「蝦趴」的車了。

❗ A 大提醒：

請留意，只有總公司的直屬經銷商才會有上述方案，其他店家提供的分期購車方案，大多會把利息灌在分期的月付金額裡面。

購買機車時，如果只是要代步，請盡量找便宜好保養的新車，然後辦理分期或分期零利率，如果要騎帥氣的，請等到存下六個月實領薪資的緊急備用金之後，再規畫換車。可以影印筆記本中的存錢進度表，來當作繳費記錄。售後維護與保養，請尋找收費合理的店家。機車保險的投保，請參閱《A 大的理財金律》87 頁，記錄在筆記本的 27 頁。

A 大的購物哲學：寧可辛苦一陣子，也不要窮困地奮鬥一輩子。先求有，再求好，貨比三家不吃虧（要學會比價）。同品質比價格、比折扣；同價格比品質、CP 值；同品質、同價格比贈品。如果贈品太差，亦可詢問是否能折抵現金，或者換幾罐黑油。

如果現在還找不到夢想……

我認為理想的生活，應該是這樣的：

我過去曾有過的夢想：

例：求學時期

我小時候曾經有過的夢想：

如果什麼目標都沒有，
那就先存 100 萬吧！

我每個月可以存的金額是：

$ A 大的理財金句

你現在所存下的每一塊錢，都是夢想的種子。

你願意為自己設想，把錢留給未來的自己，這就是一個好的開始。

存錢與投資，都應該是沒有壓力的。

養成良好的儲蓄習慣，是變有錢的第一步，第二步則是要思考如何
「守住」財富。

存下夢想的種子：
我的存錢進度表　第＿＿＿年

月份	日期時間	儲蓄金額	累積金額	備註
01		☐		
02		☐		
03		☐		
04		☐		
05		☐		
06		☐		
07		☐		
08		☐		
09		☐		
10		☐		
11		☐		
12		☐		

❗ A 大提醒：

把錢轉到儲蓄專用帳戶後，就在☐裡面打一個「V」。

如果是從零基礎、零存款開始學理財，建議先從「緊急備用金」開始
存起。緊急備用金的額度，建議為實際收入的三到六倍，或是六到
十二個月的生活費。

存下夢想的種子：
我的存錢進度表　第＿＿＿年

月份	日期時間	儲蓄金額	累積金額	備註
01		☐		
02		☐		
03		☐		
04		☐		
05		☐		
06		☐		
07		☐		
08		☐		
09		☐		
10		☐		
11		☐		
12		☐		

❗ A 大提醒：

當備用金存到一定程度之後，接下來可以考慮「存錢買房」。存頭期款通常是一個有點漫長的過程，這份表格會陪著你慢慢存。

描繪夢想的細節

請自由地寫

例如：我的夢想是財務自由……

我願意從每個月存_____開始

我想運用的工具是_____

如果是投資，我要選擇的標的是_____

檢視存錢進度

我預計在這些時間點檢視自己的存錢進度：

❶ _____

❷ _____

❸ _____

❹ _____

❺ _____

❻ _____

❼ _____

❽ _____

❗ A 大提醒：

每年的年底（12 月），或是生日的前一個月，都是檢視存錢進度的理想時機，也藉著這樣的日子，提醒你好好善待自己，買個生日禮物吧。

實現夢想的八個關鍵技巧

❶決定目標:因為什麼動機想理財?想完成什麼事?

❷預估金額:完成這個目標「大概」需要多少錢?

❸訂時間表:排時間表,以及想完成目標的時間點。

❹安排計畫:策略是什麼?欠缺的部分要如何補足?

❺選擇工具：打算用什麼投資理財工具，並搭配什麼知識與投資策略來達成目標？

❻維持紀律：要用什麼方法，幫助自己有紀律地將不足的部分補足？

❼檢視進度：與自己約定好，多久要檢視一次進度？請記得，在檢視進度的同時，也要適時地犒賞自己。

❽隨時修正：發現進度有落後，或是執行不順時，有什麼方法可以求救、修正？

! A 大提醒：

以上任何一題，如果暫時還沒有想法，都可以先跳過，日後想到了再寫上就好。

學習分配收入

存下月收入的 25%，用剩餘的 75%過生活。
存下月收入的四分之一，
用剩餘的錢過到下次領薪水。

　　A 大建議，把分配收入這件事，變成你的固定理財模式。

收入 － 支出 ＝ 可用餘額

再從可用餘額中去分配「儲蓄 & 投資」。

當收入進入穩定狀態，若能每個月都把錢固定存下來，就能把理財公式改寫成：

收入 － 儲蓄 ＝ 支出

支出可細分為固定支出與浮動支出。

跨過了理財初學時期，「儲蓄」大多數都會包含投資，就能再將理財公式改寫成：

收入 －（儲蓄 & 投資）＝（固定支出＋浮動支出）

以上就是分配收入時會用到的基本財務原理。

三點一理財法的骨架圖

收入						
30%	儲蓄	債務	儲蓄	投資自己	孝親	
		信用卡	投資		毛小孩	
30%	居住	房租	房貸	水電	連帶	
		車位	自住宅		隱性	
30%	生活	三餐	通訊	交通	日用品	
		服裝	娛樂	運動	處方箋	
10%	稅金保險	年度支出·列表			維護	
		稅金	保險	保養	意外	

善用表格來輔助理財

三點一理財法記帳表：生活費支出整理

儲蓄	
1	
2	
3	
4	
5	
6	
7	
8	
9	
小計：	

居住	
1	
2	
3	
4	
5	
6	
7	
8	
9	
小計：	

生活	
1	
2	
3	
4	
5	
6	
7	
8	
9	
小計：	

稅金 & 保險	
1	
2	
3	
4	
5	
6	
7	
8	
9	
小計：	

合計：

我的年度支出列表

	各月份支出		各月份支出
一月	☐・＿＿＿＿＿＿ ☐・＿＿＿＿＿＿ ☐・＿＿＿＿＿＿	七月	☐・汽燃稅：＿＿＿＿ ☐・機燃稅：＿＿＿＿ ☐・＿＿＿＿＿＿
二月	☐・＿＿＿＿＿＿ ☐・＿＿＿＿＿＿ ☐・＿＿＿＿＿＿	八月	☐・＿＿＿＿＿＿ ☐・＿＿＿＿＿＿ ☐・＿＿＿＿＿＿
三月	☐・＿＿＿＿＿＿ ☐・＿＿＿＿＿＿ ☐・＿＿＿＿＿＿	九月	☐・＿＿＿＿＿＿ ☐・＿＿＿＿＿＿
四月	☐・牌照稅：＿＿＿＿ ☐・＿＿＿＿＿＿ ☐・＿＿＿＿＿＿	十月	☐・＿＿＿＿＿＿ ☐・＿＿＿＿＿＿ ☐・＿＿＿＿＿＿
五月	☐・房屋稅：＿＿＿＿ ☐・綜所稅：＿＿＿＿ ☐・＿＿＿＿＿＿	十一月	☐・地價稅：＿＿＿＿ ☐・＿＿＿＿＿＿ ☐・＿＿＿＿＿＿
六月	☐・＿＿＿＿＿＿ ☐・＿＿＿＿＿＿ ☐・＿＿＿＿＿＿	十二月	☐・＿＿＿＿＿＿ ☐・＿＿＿＿＿＿ ☐・＿＿＿＿＿＿

❗ A 大提醒：

如果筆記本的空白篇幅不夠寫，不妨影印所需頁面，再黏貼到 26 孔筆記紙上來使用。

當人生階段改變的時候

　　生活支出會產生改變的時間點，包括：從單身進入熱戀、結婚、生子、買房、買車、換工作、小孩教育支出增加。提早知道未來確定的支出，要繳費時才不會無所適從。

生活費支出整理（Before）

儲蓄	
1	
2	
3	
4	
5	
6	
7	
8	
9	
小計：	

居住	
1	
2	
3	
4	
5	
6	
7	
8	
9	
小計：	

生活	
1	
2	
3	
4	
5	
6	
7	
8	
9	
小計：	

稅金 & 保險	
1	
2	
3	
4	
5	
6	
7	
8	
9	
小計：	

合計：

生活費支出整理（After）

儲蓄	
1	
2	
3	
4	
5	
6	
7	
8	
9	
小計：	

居住	
1	
2	
3	
4	
5	
6	
7	
8	
9	
小計：	

生活	
1	
2	
3	
4	
5	
6	
7	
8	
9	
小計：	

稅金 & 保險	
1	
2	
3	
4	
5	
6	
7	
8	
9	
小計：	

合計：

保險的整理與列表

保險費整理列表（人身保險）

投保始期	保單號碼 （最後一次繳費日）	繳費管道	繳法別	繳費日
公司（類）	險種名稱、代號、版數	保險金額	年期（續）	繳費金額
2007/03/18	VT50BND20 (2027/03/18)	信用卡	年／分 12 期	2020/03/18
範例公司	主約（○○壽險）	10,000 元	繳費 20 年	698
（附約）	醫療型，實支實付	1000 元	續保至 75	6,000
（附約）	意外型，實支實付	1000 元	續保至 65	2,000

！ A 大提醒：

根據「人身商品審查注意事項 -219 條規定」，保險商品非年繳之各種繳別係數為：月繳對年繳 0.088；季繳對年繳 0.262；半年繳對年繳 0.52。

繳法別 & 繳費金額的換算，以年繳 10,000 元為例：

年→月 ＝ 10,000 × 0.088 ＝ 880（月繳金額，累積年繳＝ 10,560）

年→季 ＝ 10,000 × 0.262 ＝ 2,620（季繳金額，累積年繳＝ 10,480）

年→半年 ＝ 10,000 × 0.520 ＝ 5,200（半年繳金額，累積年繳＝ 10,400）

汽機車保險

車牌	保險摘要	保險到期日	繳費管道 繳費金額
	□強制 □第三人 □超額 □其他 □＿＿式車險 □竊盜 □拖吊		
	□強制 □第三人 □超額 □其他 □＿＿式車險 □竊盜 □拖吊		
	□強制 □第三人 □超額 □其他 □＿＿式車險 □竊盜 □拖吊		
	□強制 □第三人 □超額 □其他 □＿＿式車險 □竊盜 □拖吊		
	□強制 □第三人 □超額 □其他 □＿＿式車險 □竊盜 □拖吊		

房屋保險、火地險

地址 （摘要）	保險摘要	保險到期日	繳費管道 繳費金額
	□火災險 □地震險 □房屋綜合險 □失竊		
	□火災險 □地震險 □房屋綜合險 □失竊		
	□火災險 □地震險 □房屋綜合險 □失竊		

! A 大提醒：把保單縮小影印貼過來，請善用膠帶、雙面膠。

貸款與債務整理列表

　　理財先理債，如果沒有債務，那麼恭喜你，可以直接跳過不用寫。

金融機構債務

銀行 貸款類別	貸款金額 貸款餘額	借款利率 貸款期數	繳費日 月繳金額	貸款起日 迄日
		%		／　／
				／　／
		%		／　／
				／　／
		%		／　／
				／　／
		%		／　／
				／　／

❗ A 大提醒：

自住宅的房貸，記錄在最後一行或空白處。

貸款的種類參考：就學貸款、信用貸款、汽車貸款、機車貸款、留學貸款、疫情的勞工紓困貸款（2020 & 2021 年）、勞保紓困貸款（土銀，勞保年資需 15 年）、保單貸款、投資宅房貸、自住宅房貸。

貸款與債務整理列表

非金融機構的私人借貸

債權人 借款原因	借款金額 借款餘額	約定利率 利息金額	約定還款日 本金還款額	貸款起日 迄日
		%		/ /
				/ /

還款紀錄				
還款日	前期餘額	本期利息	本期本金	未償餘額

❗ A 大提醒：

保單借款、股票不限用途借款也適用本表。

善用表格整理財務

信用卡／簽帳卡整理列表

發卡銀行	卡號末四碼	信用額度	卡片到期日	固定扣款項目	結帳日

❗ A 大提醒：

請牢記關於信用卡的重要觀念：

本期應繳：全數繳清，不會產生任何利息。

最低應繳：尚未繳清的部分會被收取「高額的信用循環利息」，可能會影響您的聯徵紀錄與信用評分，以及日後的貸款申辦。

可以把不常用的信用卡記錄在這裡，免得自己忘記。信用卡公司免付費電話，可記錄在空白處，要標註限市話或手機可撥打，並記錄語音流程，避免鬼打牆找不到客服。

存下能保護自己的緊急備用金

**我計畫用_____的時間，存到緊急備用金_____元，
也就是_____個月的實領薪資。**

請自由寫下對於緊急備用金的想法。

＄ A 大的理財金句

緊急備用金，是一筆不管你發生任何事，都能在第一時間接手照顧
你的錢。擁有緊急備用金，可以降低許多生活風險與投資風險。

開始部分儲蓄，部分投資

　　存到了讓自己有安全感的備用金額，就可以把原本定期定額的固定儲蓄，更改爲「部分儲蓄、部分投資」。

我計畫從＿＿＿＿年＿＿＿＿月＿＿＿＿日開始，
每個月存款＿＿＿＿元，投資＿＿＿＿元。

請自由寫下對於儲蓄與投資的想法。

$ A 大的理財金句

經過好幾個月的練習以後，如果每個月都能順利存下一筆錢，再來用定期定額的儲蓄與投資策略來累積財富。新增加的投資部位，也不過是換個地方存錢。

寫下我的投資歷程

投資紀錄（台股）

股票名稱／代號【_____ ／ _____】

日期時間	收盤價 成交價	買賣股數 成交金額	手續費 交割金額	累積股數 累積金額

投資紀錄（美股）

股票名稱／代號【_____ ／ _____】

日期時間	收盤價 成交價	買賣股數 成交金額	手續費 交割金額	累積股數 累積金額

換匯紀錄（幣別：＿＿＿＿＿＿） 美金、日幣、澳幣……

日期時間 幣別 / 匯率	買賣金額	等值台幣	存款利息 外幣總額	外幣均價 累積成本

學習記錄自己的資產

我的活存與定存紀錄：台幣

存款銀行	活存餘額	定存金額加總	單一帳戶小計
	活存總額小計	定存總額小計	存款總額

❗ A 大提醒：

記錄資產的用意，是為了方便自己知道，手上的資產是否有逐月或逐年遞增，若是逐漸遞減，那就要去找原因。

💲 A 大的理財金句

整理你所擁有的帳戶，就是整理你所擁有的理財工具。

我的活存與定存紀錄：外幣

幣別：＿＿＿＿＿＿

外幣存款銀行	活存餘額	定存金額加總	小計
	活存總額小計 ＿＿＿＿＿	定存總額小計 ＿＿＿＿＿	存款總額 ＿＿＿＿＿

今日匯率：＿＿＿＿＿＿＿＿＿＿＿，約當台幣金額：＿＿＿＿＿＿＿＿＿＿

幣別：＿＿＿＿＿＿

外幣存款銀行	活存餘額	定存金額加總	小計
	活存總額小計 ＿＿＿＿＿	定存總額小計 ＿＿＿＿＿	存款總額 ＿＿＿＿＿

今日匯率：＿＿＿＿＿＿＿＿＿＿＿，約當台幣金額：＿＿＿＿＿＿＿＿＿＿

統計我的總資產

依照以下六大項目，逐一檢視自己的資產，並記錄下來。（註：房屋、土地市值另外備忘）

項目	金額
緊急備用金 （不計入資產加總，僅為備忘）	
銀行台外幣活存	
海內外股票目前的總市值	
儲蓄險台外幣之可借款金額 （不計入資產加總，僅為備忘）	
個人，非金融市場、 非金融工具的投資	
合計	
動產、不動產的紀錄 ①機車（廠牌、車型、CC數） ②汽車（廠牌、車型、CC數） ③房子（地點、約略價值） ④土地（地點、約略價值）	

我的享受清單：B 面

請繼續盡情描繪你想要享受的理想生活。

我的買房規畫

九宮格遊戲

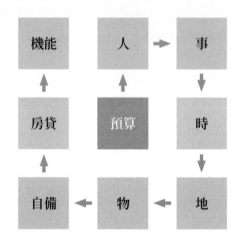

買房九宮格的玩法

一、決定預算：

我心中直覺的買房預算是＿＿＿＿＿＿＿＿＿＿＿＿＿

我想要把房貸月繳控制在＿＿＿＿＿＿＿＿＿＿元以內

> ❗ A 大提醒：
>
> 個人買房，建議抓年收入的 7 到 10 倍，月收入的 80 到 100 倍（30 年房貸）
> 家庭買房，建議抓年收入的 7 到 12 倍，月收入的 80 到 120 倍（30 年房貸）
> 或 150 -168 倍（40 年房貸）。註：此為房價所得比的概念。

二、人，請想想：

誰要住？

現在：＿＿＿＿個大人，＿＿＿＿個小孩，＿＿＿＿個毛小孩

未來：＿＿＿＿個大人，＿＿＿＿個小孩，＿＿＿＿個毛小孩

誰要買？＿＿＿＿＿＿

誰來支付頭期款與每個月的房貸？＿＿＿＿＿＿

登記誰的名字？＿＿＿＿＿＿

三、事，為何而買？

我的買房動機是：

☐自住　　　　☐投資

☐給家人住　　☐出租

☐換屋　　　　☐退休屋

☐創業　　　　☐其他：

四、何時買？

我預計＿＿＿＿＿年後 / ＿＿＿＿＿歲之前買房

我打算花＿＿＿＿＿年的時間達成買房夢想。

❗ A大提醒：

若長輩有幫忙頭期款，請留意贈與稅的問題。

五、地點？買在哪裡？

縣市：

區域（鄉市鎮、路段）：

地段（大地標、某某商圈）：

蛋殼區／蛋白區／傳統蛋黃區／麥當勞蛋黃區：

目標地點與（先生、太太）老家的距離：

目標地點與＿＿＿＿＿家的距離：

目標地點與工作地的距離：

六、物件屬性

□透天　　□公寓（有／無電梯）　　□華廈

□預售屋　　□成屋　　□中古屋

格局：

理想坪數：＿＿＿＿＿，＿＿＿房＿＿＿廳＿＿＿衛＿＿＿陽台，

公設比：＿＿＿＿＿％

座向：

採光（開窗方向）：

樓層（幾樓不要？）：

浴室是否開窗：

有／無 永久棟距、工作陽台、平面車位：

七、自備

頭期款的來源（房價的二到三成）：

☐自己默默存

☐家人幫忙

☐其他

暫收款：房價的 1 到 5%（按照建商的說明）

裝潢款：房價的 10%

家具、家電／居家用品：房價的 5 到 10%

訂目標 我想存下的頭期款金額是＿＿＿＿＿＿＿＿。

排計畫 我預計花＿＿＿＿年的時間，

每月存下＿＿＿＿元 ，可存下的頭期款總額是＿＿＿＿。

選工具 我想採用的存錢方式／存錢計畫：

❗ A 大提醒：

請務必把確切的金額和執行計畫寫下來，這會幫助你更明確地存到目標金額。建議用鉛筆來寫，因為可以修改。

八、房貸／銀行貸款：

預計貸款成數（七到八成）、金額：＿＿＿＿＿＿

粗估房貸月繳／行情利率：＿＿＿＿＿＿

預計找哪幾間銀行申辦貸款：＿＿＿＿＿＿

註：並非每間銀行皆能申辦四十年房貸。

！A 大提醒：

房貸速算公式：每貸款 100 萬，
分三十年攤還，月繳大約 3,600 元（利率約 1.85%）
分四十年攤還，月繳大約 3,000 元（利率約 1.85%）

九、生活機能／生活需求

	機能
食	菜市場、大賣場、超市、超商、速食店
衣	○○百貨、○○商圈
住	距離工作地點、回家的距離（夫家、娘家）
行	停車場、捷運、火車、公車、轉運站、高鐵
育	○○學校、校區、學區、圖書館
樂	公園、夜市、游泳池、體育場、公共設施
醫	醫院、診所、復健診所、整復所、藥局

請在這裡自由地寫下你最在意的機能，不妨列出優先順序。
例如：第一選項是什麼？

準備我的財力證明

請逐一檢視以下幾點，按部就班來準備財力證明。

➊ 是否有薪資轉帳戶頭？

➋ 帳戶的經常性平均餘額爲多少？

➌ 扣繳憑單的金額爲多少？

➍ 是否有勞保、農會保險、漁會保險、軍公教保險？

➎ 信用卡的張數和額度是多少？
（可參考筆記本第 30 頁的紀錄）

➏ 這份工作年資爲幾年？

➐ 是否有股票、共同基金、國債？

➑ 名下是否有房產、地產？

我可以買多少錢的房子？

以月收入來估算購屋預算

理論上的估算：假設預計貸款（30、40）年

月收入 ÷ 3 ÷（3600 或 3000）× 100 萬 = 理論上的可貸款金額

理論上的可貸款金額 ÷ 80% = 理論上的購屋預算

理論上的購屋預算 × 1.2 = 理論上的房屋開價

（註：此為理論上的估算，實際上還是要依照銀行審核為主。）

以小辣椒的月收入 6 萬為例

預計貸款 30 年	預計貸款 40 年
6 萬 ÷ 3 ÷ 3,600 × 100 萬 = 約 556 萬，萬元以下四捨五入 556 萬 ÷0.8 = 695 萬 695 萬 × 1.2 = 834 萬	6 萬 ÷ 3 ÷ 3,000 × 100 萬 = 約 667 萬，萬元以下四捨五入 667 萬 ÷0.8 = 834 萬 834(萬) × 1.2 = 1,001 萬

❗ A 大提醒：

若為家庭，可以採用家戶所得比的 30% 到 50% 來估算。

房貸薪資比 = 房貸月繳金額 ÷ 每月實領薪資金額，盡量不超過 40%。

若房貸月繳超過收入的三分之一，建議朝部分提前清償的方向來理財。

快速房貸試算

找到你的房貸萬元利率因子，速算月繳金額：

貸款金額（去掉「萬」）× 萬元利率因子 ＝ 月繳金額

以房貸 800 萬，貸款 30 年，利率 1.85% 為例：

800（萬）× 36.216（萬元利率因子）＝ 月繳 28,973 元

（註：估算利率的時候，要比行情高一點。）

萬元利率因子表

利率／年	20	30	35	40
1.35%	47.568	33.797	29.889	26.974
1.60%	48.716	34.994	31.111	28.220
1.85%	49.881	36.216	32.362	29.499
2.10%	51.063	37.464	33.642	30.811
2.35%	52.263	38.737	34.951	32.156
2.60%	53.479	40.034	36.288	33.532
2.85%	54.712	41.356	37.653	34.939
3.10%	55.962	42.702	39.045	36.377
3.35%	57.228	44.071	40.465	37.845
3.60%	58.511	45.465	41.911	39.341

註：本表為本息固定攤還，亦適用美、日、韓……等國家。

我的買房眉角筆記：Ａ面

例如：什麼樣的房子不要買、不要碰。
知道什麼東西不要，有時候反而更重要。

我的買房眉角筆記：B面

請自由地寫下你為買房所做的功課，
例如：未來會比較有發展性的房子。

自動投資的自我提醒

做自動投資，只需要擔心一件事：你的帳號密碼會不會忘記。紙本紀錄可能會被人看見，建議自行加密過後，再寫下來。

小技巧：只要有新增金融交易類的網路帳號密碼，就拿出夢想筆記本來記錄。有些銀行會細分登入密碼、交易密碼和憑證下載密碼。憑證下載密碼，請記錄在密碼3一欄。

銀行名稱	使用者名稱	密碼1	密碼2	密碼3備註

我的銀行帳號紀錄

　　整理你所擁有的帳戶，就是在整理你所擁有的理財工具。銀行帳號列表，在設定約定轉帳時會用到。請把海外券商主力帳戶也記錄在這裡。

銀行名稱	銀行代碼	常用帳號	備註／用途

海外券商入金帳戶（主力）：

請記錄：**受款銀行**之行名、ABA 編號（銀行代碼）、地址、Swift Code，**受款人**之帳號、姓名、地址。最後，**務必填寫**你的姓名、券商帳號。

❗ A 大提醒：

帳戶不要輕易借人使用。就算是家人要借，也請三思而後行，避開自己的帳戶變成「警示帳戶」的風險。

寫信給十年後的自己

十年後的我，會在哪裡？

在夢想筆記本的最後，A 大想要邀請你，運用 Gmail 信箱的「排定傳送時間」功能，寄出時空膠囊給未來的自己，寫下十年後想要過著什麼樣的生活，反思自己的夢想。

寫信給十年，或 N 年後的自己，要寫些什麼呢？

如果已經立下一個理財目標，或是夢想，可以問問自己是否實現了？或是寫下自己在意的事、想要問十年後的自己什麼問題。

或許有些人會說「我沒有夢想」，那麼不妨從十年後，你想過什麼樣的生活來思考。就算是天馬行空的幻想也沒有關係。

未來的你，說不定會在某個時刻，深深地感謝現在拚命學理財的自己。

請自由寫下關於時空膠囊的任何想法